A

WEBSITE :

EMAIL :

USERNAME :

PASSWORD :

NOTES :

WEBSITE :

EMAIL :

USERNAME :

PASSWORD :

NOTES :

WEBSITE :

EMAIL :

USERNAME :

PASSWORD :

NOTES :

WEBSITE :

EMAIL :

USERNAME :

PASSWORD :

NOTES :

A

WEBSITE :

EMAIL :

USERNAME :

PASSWORD :

NOTES :

WEBSITE :

EMAIL :

USERNAME :

PASSWORD :

NOTES :

WEBSITE :

EMAIL :

USERNAME :

PASSWORD :

NOTES :

WEBSITE :

EMAIL :

USERNAME :

PASSWORD :

NOTES :

A

WEBSITE :

EMAIL :

USERNAME :

PASSWORD :

NOTES :

WEBSITE :

EMAIL :

USERNAME :

PASSWORD :

NOTES :

WEBSITE :

EMAIL :

USERNAME :

PASSWORD :

NOTES :

WEBSITE :

EMAIL :

USERNAME :

PASSWORD :

NOTES :

WEBSITE :

EMAIL :

USERNAME :

PASSWORD :

NOTES :

WEBSITE :

EMAIL :

USERNAME :

PASSWORD :

NOTES :

WEBSITE :

EMAIL :

USERNAME :

PASSWORD :

NOTES :

WEBSITE :

EMAIL :

USERNAME :

PASSWORD :

NOTES :

B

WEBSITE :
EMAIL :
USERNAME :
PASSWORD :
NOTES :

WEBSITE :
EMAIL :
USERNAME :
PASSWORD :
NOTES :

WEBSITE :
EMAIL :
USERNAME :
PASSWORD :
NOTES :

WEBSITE :
EMAIL :
USERNAME :
PASSWORD :
NOTES :

B

WEBSITE :
EMAIL :
USERNAME :
PASSWORD :
NOTES :

WEBSITE :
EMAIL :
USERNAME :
PASSWORD :
NOTES :

WEBSITE :
EMAIL :
USERNAME :
PASSWORD :
NOTES :

WEBSITE :
EMAIL :
USERNAME :
PASSWORD :
NOTES :

C

WEBSITE :

EMAIL :

USERNAME :

PASSWORD :

NOTES :

WEBSITE :

EMAIL :

USERNAME :

PASSWORD :

NOTES :

WEBSITE :

EMAIL :

USERNAME :

PASSWORD :

NOTES :

WEBSITE :

EMAIL :

USERNAME :

PASSWORD :

NOTES :

C

WEBSITE :

EMAIL :

USERNAME :

PASSWORD :

NOTES :

WEBSITE :

EMAIL :

USERNAME :

PASSWORD :

NOTES :

WEBSITE :

EMAIL :

USERNAME :

PASSWORD :

NOTES :

WEBSITE :

EMAIL :

USERNAME :

PASSWORD :

NOTES :

WEBSITE :

EMAIL :

USERNAME :

PASSWORD :

NOTES :

WEBSITE :

EMAIL :

USERNAME :

PASSWORD :

NOTES :

WEBSITE :

EMAIL :

USERNAME :

PASSWORD :

NOTES :

WEBSITE :

EMAIL :

USERNAME :

PASSWORD :

NOTES :

C

WEBSITE :

EMAIL :

USERNAME :

PASSWORD :

NOTES :

WEBSITE :

EMAIL :

USERNAME :

PASSWORD :

NOTES :

WEBSITE :

EMAIL :

USERNAME :

PASSWORD :

NOTES :

WEBSITE :

EMAIL :

USERNAME :

PASSWORD :

NOTES :

D

WEBSITE :

EMAIL :

USERNAME :

PASSWORD :

NOTES :

WEBSITE :

EMAIL :

USERNAME :

PASSWORD :

NOTES :

WEBSITE :

EMAIL :

USERNAME :

PASSWORD :

NOTES :

WEBSITE :

EMAIL :

USERNAME :

PASSWORD :

NOTES :

D

WEBSITE :

EMAIL :

USERNAME :

PASSWORD :

NOTES :

WEBSITE :

EMAIL :

USERNAME :

PASSWORD :

NOTES :

WEBSITE :

EMAIL :

USERNAME :

PASSWORD :

NOTES :

WEBSITE :

EMAIL :

USERNAME :

PASSWORD :

NOTES :

WEBSITE :

EMAIL :

USERNAME :

PASSWORD :

NOTES :

WEBSITE :

EMAIL :

USERNAME :

PASSWORD :

NOTES :

WEBSITE :

EMAIL :

USERNAME :

PASSWORD :

NOTES :

WEBSITE :

EMAIL :

USERNAME :

PASSWORD :

NOTES :

WEBSITE :

EMAIL :

USERNAME :

PASSWORD :

NOTES :

WEBSITE :

EMAIL :

USERNAME :

PASSWORD :

NOTES :

WEBSITE :

EMAIL :

USERNAME :

PASSWORD :

NOTES :

WEBSITE :

EMAIL :

USERNAME :

PASSWORD :

NOTES :

WEBSITE :

EMAIL :

USERNAME :

PASSWORD :

NOTES :

WEBSITE :

EMAIL :

USERNAME :

PASSWORD :

NOTES :

WEBSITE :

EMAIL :

USERNAME :

PASSWORD :

NOTES :

WEBSITE :

EMAIL :

USERNAME :

PASSWORD :

NOTES :

F

WEBSITE :
EMAIL :
USERNAME :
PASSWORD :
NOTES :

WEBSITE :
EMAIL :
USERNAME :
PASSWORD :
NOTES :

WEBSITE :
EMAIL :
USERNAME :
PASSWORD :
NOTES :

WEBSITE :
EMAIL :
USERNAME :
PASSWORD :
NOTES :

WEBSITE :

EMAIL :

USERNAME :

PASSWORD :

NOTES :

WEBSITE :

EMAIL :

USERNAME :

PASSWORD :

NOTES :

WEBSITE :

EMAIL :

USERNAME :

PASSWORD :

NOTES :

WEBSITE :

EMAIL :

USERNAME :

PASSWORD :

NOTES :

F

WEBSITE :

EMAIL :

USERNAME :

PASSWORD :

NOTES :

WEBSITE :

EMAIL :

USERNAME :

PASSWORD :

NOTES :

WEBSITE :

EMAIL :

USERNAME :

PASSWORD :

NOTES :

WEBSITE :

EMAIL :

USERNAME :

PASSWORD :

NOTES :

WEBSITE :

EMAIL :

USERNAME :

PASSWORD :

NOTES :

WEBSITE :

EMAIL :

USERNAME :

PASSWORD :

NOTES :

WEBSITE :

EMAIL :

USERNAME :

PASSWORD :

NOTES :

WEBSITE :

EMAIL :

USERNAME :

PASSWORD :

NOTES :

G

WEBSITE :

EMAIL :

USERNAME :

PASSWORD :

NOTES :

WEBSITE :

EMAIL :

USERNAME :

PASSWORD :

NOTES :

WEBSITE :

EMAIL :

USERNAME :

PASSWORD :

NOTES :

WEBSITE :

EMAIL :

USERNAME :

PASSWORD :

NOTES :

G

WEBSITE :

EMAIL :

USERNAME :

PASSWORD :

NOTES :

WEBSITE :

EMAIL :

USERNAME :

PASSWORD :

NOTES :

WEBSITE :

EMAIL :

USERNAME :

PASSWORD :

NOTES :

WEBSITE :

EMAIL :

USERNAME :

PASSWORD :

NOTES :

WEBSITE :

EMAIL :

USERNAME :

PASSWORD :

NOTES :

WEBSITE :

EMAIL :

USERNAME :

PASSWORD :

NOTES :

WEBSITE :

EMAIL :

USERNAME :

PASSWORD :

NOTES :

WEBSITE :

EMAIL :

USERNAME :

PASSWORD :

NOTES :

WEBSITE :

EMAIL :

USERNAME :

PASSWORD :

NOTES :

WEBSITE :

EMAIL :

USERNAME :

PASSWORD :

NOTES :

WEBSITE :

EMAIL :

USERNAME :

PASSWORD :

NOTES :

WEBSITE :

EMAIL :

USERNAME :

PASSWORD :

NOTES :

WEBSITE :

EMAIL :

USERNAME :

PASSWORD :

NOTES :

WEBSITE :

EMAIL :

USERNAME :

PASSWORD :

NOTES :

WEBSITE :

EMAIL :

USERNAME :

PASSWORD :

NOTES :

WEBSITE :

EMAIL :

USERNAME :

PASSWORD :

NOTES :

WEBSITE :

EMAIL :

USERNAME :

PASSWORD :

NOTES :

WEBSITE :

EMAIL :

USERNAME :

PASSWORD :

NOTES :

WEBSITE :

EMAIL :

USERNAME :

PASSWORD :

NOTES :

WEBSITE :

EMAIL :

USERNAME :

PASSWORD :

NOTES :

WEBSITE :

EMAIL :

USERNAME :

PASSWORD :

NOTES :

WEBSITE :

EMAIL :

USERNAME :

PASSWORD :

NOTES :

WEBSITE :

EMAIL :

USERNAME :

PASSWORD :

NOTES :

WEBSITE :

EMAIL :

USERNAME :

PASSWORD :

NOTES :

WEBSITE :

EMAIL :

USERNAME :

PASSWORD :

NOTES :

WEBSITE :

EMAIL :

USERNAME :

PASSWORD :

NOTES :

WEBSITE :

EMAIL :

USERNAME :

PASSWORD :

NOTES :

WEBSITE :

EMAIL :

USERNAME :

PASSWORD :

NOTES :

J

WEBSITE :

EMAIL :

USERNAME :

PASSWORD :

NOTES :

WEBSITE :

EMAIL :

USERNAME :

PASSWORD :

NOTES :

WEBSITE :

EMAIL :

USERNAME :

PASSWORD :

NOTES :

WEBSITE :

EMAIL :

USERNAME :

PASSWORD :

NOTES :

J

WEBSITE :

EMAIL :

USERNAME :

PASSWORD :

NOTES :

WEBSITE :

EMAIL :

USERNAME :

PASSWORD :

NOTES :

WEBSITE :

EMAIL :

USERNAME :

PASSWORD :

NOTES :

WEBSITE :

EMAIL :

USERNAME :

PASSWORD :

NOTES :

J

WEBSITE :

EMAIL :

USERNAME :

PASSWORD :

NOTES :

WEBSITE :

EMAIL :

USERNAME :

PASSWORD :

NOTES :

WEBSITE :

EMAIL :

USERNAME :

PASSWORD :

NOTES :

WEBSITE :

EMAIL :

USERNAME :

PASSWORD :

NOTES :

WEBSITE :

K

EMAIL :

USERNAME :

PASSWORD :

NOTES :

WEBSITE :

EMAIL :

USERNAME :

PASSWORD :

NOTES :

WEBSITE :

EMAIL :

USERNAME :

PASSWORD :

NOTES :

WEBSITE :

EMAIL :

USERNAME :

PASSWORD :

NOTES :

WEBSITE :

EMAIL :

USERNAME :

PASSWORD :

NOTES :

WEBSITE :

EMAIL :

USERNAME :

PASSWORD :

NOTES :

WEBSITE :

EMAIL :

USERNAME :

PASSWORD :

NOTES :

WEBSITE :

EMAIL :

USERNAME :

PASSWORD :

NOTES :

K

WEBSITE :

EMAIL :

USERNAME :

PASSWORD :

NOTES :

WEBSITE :

EMAIL :

USERNAME :

PASSWORD :

NOTES :

WEBSITE :

EMAIL :

USERNAME :

PASSWORD :

NOTES :

WEBSITE :

EMAIL :

USERNAME :

PASSWORD :

NOTES :

WEBSITE :

EMAIL :

USERNAME :

PASSWORD :

NOTES :

WEBSITE :

EMAIL :

USERNAME :

PASSWORD :

NOTES :

WEBSITE :

EMAIL :

USERNAME :

PASSWORD :

NOTES :

WEBSITE :

EMAIL :

USERNAME :

PASSWORD :

NOTES :

WEBSITE :

EMAIL :

USERNAME :

PASSWORD :

NOTES :

WEBSITE :

EMAIL :

USERNAME :

PASSWORD :

NOTES :

WEBSITE :

EMAIL :

USERNAME :

PASSWORD :

NOTES :

WEBSITE :

EMAIL :

USERNAME :

PASSWORD :

NOTES :

WEBSITE :

EMAIL :

USERNAME :

PASSWORD :

NOTES :

WEBSITE :

EMAIL :

USERNAME :

PASSWORD :

NOTES :

WEBSITE :

EMAIL :

USERNAME :

PASSWORD :

NOTES :

WEBSITE :

EMAIL :

USERNAME :

PASSWORD :

NOTES :

L

WEBSITE :

EMAIL :

USERNAME :

PASSWORD :

NOTES :

WEBSITE :

EMAIL :

USERNAME :

PASSWORD :

NOTES :

WEBSITE :

EMAIL :

USERNAME :

PASSWORD :

NOTES :

WEBSITE :

EMAIL :

USERNAME :

PASSWORD :

NOTES :

WEBSITE :

EMAIL :

USERNAME :

PASSWORD :

NOTES :

WEBSITE :

EMAIL :

USERNAME :

PASSWORD :

NOTES :

WEBSITE :

EMAIL :

USERNAME :

PASSWORD :

NOTES :

WEBSITE :

EMAIL :

USERNAME :

PASSWORD :

NOTES :

M

WEBSITE :

EMAIL :

USERNAME :

PASSWORD :

NOTES :

WEBSITE :

EMAIL :

USERNAME :

PASSWORD :

NOTES :

WEBSITE :

EMAIL :

USERNAME :

PASSWORD :

NOTES :

WEBSITE :

EMAIL :

USERNAME :

PASSWORD :

NOTES :

WEBSITE :

EMAIL :

USERNAME :

PASSWORD :

NOTES :

WEBSITE :

EMAIL :

USERNAME :

PASSWORD :

NOTES :

WEBSITE :

EMAIL :

USERNAME :

PASSWORD :

NOTES :

WEBSITE :

EMAIL :

USERNAME :

PASSWORD :

NOTES :

WEBSITE :

EMAIL :

USERNAME :

PASSWORD :

NOTES :

WEBSITE :

EMAIL :

USERNAME :

PASSWORD :

NOTES :

WEBSITE :

EMAIL :

USERNAME :

PASSWORD :

NOTES :

WEBSITE :

EMAIL :

USERNAME :

PASSWORD :

NOTES :

WEBSITE :

EMAIL :

USERNAME :

PASSWORD :

NOTES :

WEBSITE :

EMAIL :

USERNAME :

PASSWORD :

NOTES :

WEBSITE :

EMAIL :

USERNAME :

PASSWORD :

NOTES :

WEBSITE :

EMAIL :

USERNAME :

PASSWORD :

NOTES :

WEBSITE :

EMAIL :

USERNAME :

PASSWORD :

NOTES :

WEBSITE :

EMAIL :

USERNAME :

PASSWORD :

NOTES :

WEBSITE :

EMAIL :

USERNAME :

PASSWORD :

NOTES :

WEBSITE :

EMAIL :

USERNAME :

PASSWORD :

NOTES :

WEBSITE :

EMAIL :

USERNAME :

PASSWORD :

NOTES :

WEBSITE :

EMAIL :

USERNAME :

PASSWORD :

NOTES :

WEBSITE :

EMAIL :

USERNAME :

PASSWORD :

NOTES :

WEBSITE :

EMAIL :

USERNAME :

PASSWORD :

NOTES :

WEBSITE :

EMAIL :

USERNAME :

PASSWORD :

NOTES :

WEBSITE :

EMAIL :

USERNAME :

PASSWORD :

NOTES :

WEBSITE :

EMAIL :

USERNAME :

PASSWORD :

NOTES :

WEBSITE :

EMAIL :

USERNAME :

PASSWORD :

NOTES :

WEBSITE :

EMAIL :

USERNAME :

PASSWORD :

NOTES :

WEBSITE :

EMAIL :

USERNAME :

PASSWORD :

NOTES :

WEBSITE :

EMAIL :

USERNAME :

PASSWORD :

NOTES :

WEBSITE :

EMAIL :

USERNAME :

PASSWORD :

NOTES :

P

WEBSITE :

EMAIL :

USERNAME :

PASSWORD :

NOTES :

WEBSITE :

EMAIL :

USERNAME :

PASSWORD :

NOTES :

WEBSITE :

EMAIL :

USERNAME :

PASSWORD :

NOTES :

WEBSITE :

EMAIL :

USERNAME :

PASSWORD :

NOTES :

P

WEBSITE :

EMAIL :

USERNAME :

PASSWORD :

NOTES :

WEBSITE :

EMAIL :

USERNAME :

PASSWORD :

NOTES :

WEBSITE :

EMAIL :

USERNAME :

PASSWORD :

NOTES :

WEBSITE :

EMAIL :

USERNAME :

PASSWORD :

NOTES :

WEBSITE :

Q

EMAIL :

USERNAME :

PASSWORD :

NOTES :

WEBSITE :

EMAIL :

USERNAME :

PASSWORD :

NOTES :

WEBSITE :

EMAIL :

USERNAME :

PASSWORD :

NOTES :

WEBSITE :

EMAIL :

USERNAME :

PASSWORD :

NOTES :

Q

WEBSITE :

EMAIL :

USERNAME :

PASSWORD :

NOTES :

WEBSITE :

EMAIL :

USERNAME :

PASSWORD :

NOTES :

WEBSITE :

EMAIL :

USERNAME :

PASSWORD :

NOTES :

WEBSITE :

EMAIL :

USERNAME :

PASSWORD :

NOTES :

Q

WEBSITE :

EMAIL :

USERNAME :

PASSWORD :

NOTES :

WEBSITE :

EMAIL :

USERNAME :

PASSWORD :

NOTES :

WEBSITE :

EMAIL :

USERNAME :

PASSWORD :

NOTES :

WEBSITE :

EMAIL :

USERNAME :

PASSWORD :

NOTES :

WEBSITE :

EMAIL :

USERNAME :

PASSWORD :

NOTES :

WEBSITE :

EMAIL :

USERNAME :

PASSWORD :

NOTES :

WEBSITE :

EMAIL :

USERNAME :

PASSWORD :

NOTES :

WEBSITE :

EMAIL :

USERNAME :

PASSWORD :

NOTES :

WEBSITE :

EMAIL :

USERNAME :

PASSWORD :

NOTES :

WEBSITE :

EMAIL :

USERNAME :

PASSWORD :

NOTES :

WEBSITE :

EMAIL :

USERNAME :

PASSWORD :

NOTES :

WEBSITE :

EMAIL :

USERNAME :

PASSWORD :

NOTES :

WEBSITE :

EMAIL :

USERNAME :

PASSWORD :

NOTES :

WEBSITE :

EMAIL :

USERNAME :

PASSWORD :

NOTES :

WEBSITE :

EMAIL :

USERNAME :

PASSWORD :

NOTES :

WEBSITE :

EMAIL :

USERNAME :

PASSWORD :

NOTES :

WEBSITE :

EMAIL :

USERNAME :

PASSWORD :

NOTES :

WEBSITE :

EMAIL :

USERNAME :

PASSWORD :

NOTES :

WEBSITE :

EMAIL :

USERNAME :

PASSWORD :

NOTES :

WEBSITE :

EMAIL :

USERNAME :

PASSWORD :

NOTES :

S

WEBSITE :

EMAIL :

USERNAME :

PASSWORD :

NOTES :

WEBSITE :

EMAIL :

USERNAME :

PASSWORD :

NOTES :

WEBSITE :

EMAIL :

USERNAME :

PASSWORD :

NOTES :

WEBSITE :

EMAIL :

USERNAME :

PASSWORD :

NOTES :

WEBSITE :

EMAIL :

USERNAME :

PASSWORD :

NOTES :

WEBSITE :

EMAIL :

USERNAME :

PASSWORD :

NOTES :

WEBSITE :

EMAIL :

USERNAME :

PASSWORD :

NOTES :

WEBSITE :

EMAIL :

USERNAME :

PASSWORD :

NOTES :

T

WEBSITE :

EMAIL :

USERNAME :

PASSWORD :

NOTES :

WEBSITE :

EMAIL :

USERNAME :

PASSWORD :

NOTES :

WEBSITE :

EMAIL :

USERNAME :

PASSWORD :

NOTES :

WEBSITE :

EMAIL :

USERNAME :

PASSWORD :

NOTES :

T

WEBSITE :

EMAIL :

USERNAME :

PASSWORD :

NOTES :

WEBSITE :

EMAIL :

USERNAME :

PASSWORD :

NOTES :

WEBSITE :

EMAIL :

USERNAME :

PASSWORD :

NOTES :

WEBSITE :

EMAIL :

USERNAME :

PASSWORD :

NOTES :

WEBSITE :

EMAIL :

USERNAME :

PASSWORD :

NOTES :

WEBSITE :

EMAIL :

USERNAME :

PASSWORD :

NOTES :

WEBSITE :

EMAIL :

USERNAME :

PASSWORD :

NOTES :

WEBSITE :

EMAIL :

USERNAME :

PASSWORD :

NOTES :

WEBSITE :

EMAIL :

USERNAME :

PASSWORD :

NOTES :

WEBSITE :

EMAIL :

USERNAME :

PASSWORD :

NOTES :

WEBSITE :

EMAIL :

USERNAME :

PASSWORD :

NOTES :

WEBSITE :

EMAIL :

USERNAME :

PASSWORD :

NOTES :

WEBSITE :

EMAIL :

USERNAME :

PASSWORD :

NOTES :

WEBSITE :

EMAIL :

USERNAME :

PASSWORD :

NOTES :

WEBSITE :

EMAIL :

USERNAME :

PASSWORD :

NOTES :

WEBSITE :

EMAIL :

USERNAME :

PASSWORD :

NOTES :

WEBSITE :

EMAIL :

USERNAME :

PASSWORD :

NOTES :

WEBSITE :

EMAIL :

USERNAME :

PASSWORD :

NOTES :

WEBSITE :

EMAIL :

USERNAME :

PASSWORD :

NOTES :

WEBSITE :

EMAIL :

USERNAME :

PASSWORD :

NOTES :

WEBSITE :

EMAIL :

USERNAME :

PASSWORD :

NOTES :

WEBSITE :

EMAIL :

USERNAME :

PASSWORD :

NOTES :

WEBSITE :

EMAIL :

USERNAME :

PASSWORD :

NOTES :

WEBSITE :

EMAIL :

USERNAME :

PASSWORD :

NOTES :

WEBSITE :

EMAIL :

USERNAME :

PASSWORD :

NOTES :

WEBSITE :

EMAIL :

USERNAME :

PASSWORD :

NOTES :

WEBSITE :

EMAIL :

USERNAME :

PASSWORD :

NOTES :

WEBSITE :

EMAIL :

USERNAME :

PASSWORD :

NOTES :

WEBSITE :

EMAIL :

USERNAME :

PASSWORD :

NOTES :

WEBSITE :

EMAIL :

USERNAME :

PASSWORD :

NOTES :

WEBSITE :

EMAIL :

USERNAME :

PASSWORD :

NOTES :

WEBSITE :

EMAIL :

USERNAME :

PASSWORD :

NOTES :

WEBSITE :

EMAIL :

USERNAME :

PASSWORD :

NOTES :

WEBSITE :

EMAIL :

USERNAME :

PASSWORD :

NOTES :

WEBSITE :

EMAIL :

USERNAME :

PASSWORD :

NOTES :

WEBSITE :

EMAIL :

USERNAME :

PASSWORD :

NOTES :

WEBSITE :

EMAIL :

USERNAME :

PASSWORD :

NOTES :

WEBSITE :

EMAIL :

USERNAME :

PASSWORD :

NOTES :

WEBSITE :

EMAIL :

USERNAME :

PASSWORD :

NOTES :

WEBSITE :

EMAIL :

USERNAME :

PASSWORD :

NOTES :

WEBSITE :

EMAIL :

USERNAME :

PASSWORD :

NOTES :

WEBSITE :

EMAIL :

USERNAME :

PASSWORD :

NOTES :

WEBSITE :

EMAIL :

USERNAME :

PASSWORD :

NOTES :

WEBSITE :

EMAIL :

USERNAME :

PASSWORD :

NOTES :

X

WEBSITE :

EMAIL :

USERNAME :

PASSWORD :

NOTES :

WEBSITE :

EMAIL :

USERNAME :

PASSWORD :

NOTES :

WEBSITE :

EMAIL :

USERNAME :

PASSWORD :

NOTES :

WEBSITE :

EMAIL :

USERNAME :

PASSWORD :

NOTES :

X

WEBSITE :

EMAIL :

USERNAME :

PASSWORD :

NOTES :

WEBSITE :

EMAIL :

USERNAME :

PASSWORD :

NOTES :

WEBSITE :

EMAIL :

USERNAME :

PASSWORD :

NOTES :

WEBSITE :

EMAIL :

USERNAME :

PASSWORD :

NOTES :

WEBSITE :

X

EMAIL :

USERNAME :

PASSWORD :

NOTES :

WEBSITE :

EMAIL :

USERNAME :

PASSWORD :

NOTES :

WEBSITE :

EMAIL :

USERNAME :

PASSWORD :

NOTES :

WEBSITE :

EMAIL :

USERNAME :

PASSWORD :

NOTES :

Y

WEBSITE :

EMAIL :

USERNAME :

PASSWORD :

NOTES :

WEBSITE :

EMAIL :

USERNAME :

PASSWORD :

NOTES :

WEBSITE :

EMAIL :

USERNAME :

PASSWORD :

NOTES :

WEBSITE :

EMAIL :

USERNAME :

PASSWORD :

NOTES :

Y

WEBSITE :

EMAIL :

USERNAME :

PASSWORD :

NOTES :

WEBSITE :

EMAIL :

USERNAME :

PASSWORD :

NOTES :

WEBSITE :

EMAIL :

USERNAME :

PASSWORD :

NOTES :

WEBSITE :

EMAIL :

USERNAME :

PASSWORD :

NOTES :

WEBSITE :

EMAIL :

USERNAME :

PASSWORD :

NOTES :

WEBSITE :

EMAIL :

USERNAME :

PASSWORD :

NOTES :

WEBSITE :

EMAIL :

USERNAME :

PASSWORD :

NOTES :

WEBSITE :

EMAIL :

USERNAME :

PASSWORD :

NOTES :

WEBSITE :

EMAIL :

USERNAME :

PASSWORD :

NOTES :

WEBSITE :

EMAIL :

USERNAME :

PASSWORD :

NOTES :

WEBSITE :

EMAIL :

USERNAME :

PASSWORD :

NOTES :

WEBSITE :

EMAIL :

USERNAME :

PASSWORD :

NOTES :

WEBSITE :

EMAIL :

USERNAME :

PASSWORD :

NOTES :

WEBSITE :

EMAIL :

USERNAME :

PASSWORD :

NOTES :

WEBSITE :

EMAIL :

USERNAME :

PASSWORD :

NOTES :

WEBSITE :

EMAIL :

USERNAME :

PASSWORD :

NOTES :

WEBSITE :

EMAIL :

USERNAME :

PASSWORD :

NOTES :

WEBSITE :

EMAIL :

USERNAME :

PASSWORD :

NOTES :

WEBSITE :

EMAIL :

USERNAME :

PASSWORD :

NOTES :

WEBSITE :

EMAIL :

USERNAME :

PASSWORD :

NOTES :